KB275164

부자로 이끄는 필사 노트

지은이 유근용

투자 교육가이자 실전 부동산 전문가로서 기록과 행동의 힘을 통해 평범한 사람도 부자가 될 수 있다는 믿음을 전하고 있습니다. 그동안 많은 부자를 만나며 "부자는 재능이 아니라 습관으로 만들어진다."는 것을 알게 되었습니다. 오늘도 더 많은 사람이 기록의 힘으로 인생을 바꾸는 순간을 맞이하길 바라며 강연과 집필 활동을 이어 가고 있습니다.

수년간 부동산 현장을 발로 뛰며 쌓은 경험을 바탕으로 실전형 교육을 진행하며, 수많은 사람들의 첫 투자 성공과 자산 성장 과정을 함께 해 왔습니다. 『부동산 경매의 기술』을 비롯한 여러 저서를 통해 단순한 정보 전달이 아니라 스스로 사고하고 실행하게 만드는 실천 중심의 교육 철학을 전하고 있습니다.

현재 부동산 투자 강의+자기계발 플랫폼 '라이프체인징'에서 6만여 명의 수강생에게 투자&자기계발 노하우를 전하고 있습니다.

지은이 김동민

코로나 시기에 사업 실패를 겪으며 인생의 가장 어두운 순간들을 지나야 했습니다. 모든 것을 포기하고 싶었던 그때 저를 다시 일으켜 세운 것은 책(讀), 기록(記), 실행(行)이라는 3가지였습니다. 2024년 7월 이 강력한 삶의 원칙을 '독기행'이라 가르치시는 유근용(용쌤) 대표님과 '라이프체인징' 플랫폼을 만났습니다. 그 가르침을 꾸준히 실천한 결과, 길지 않은 시간 만에 용쌤과 함께 책을 쓰는 기적 같은 꿈을 이루게 되었습니다.

현재 '라이프체인징' 플랫폼에서 온라인 강의 채널인 '시드스쿨'을 운영하고 있으며, 용쌤의 가르침을 실천하는 '독기행' 독서모임과 '하버스북클럽' 필사모임을 이끌고 있습니다.

부자로 이끄는
필사 노트

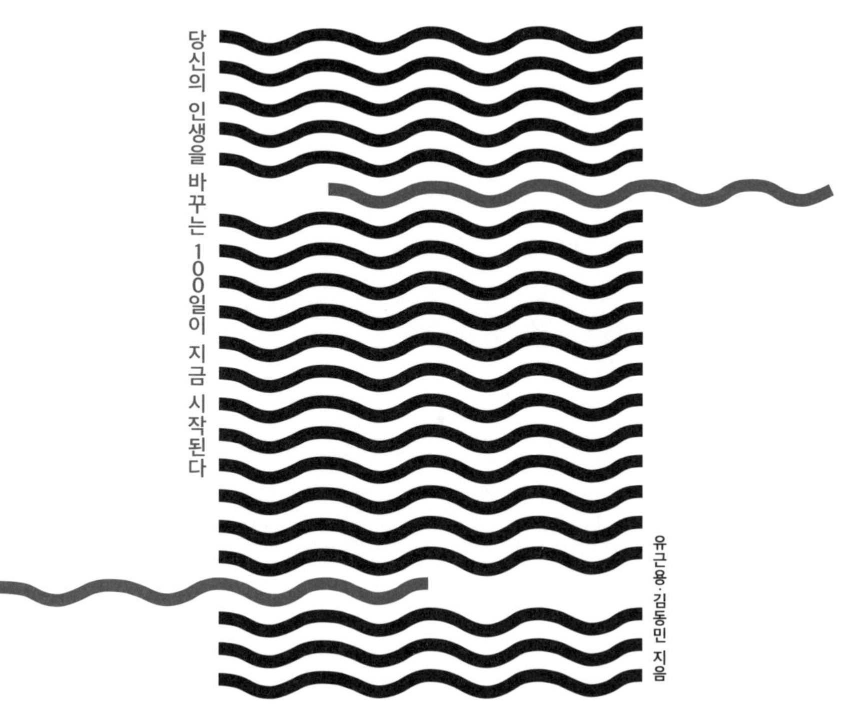

경향BP

부자들은
기록합니다

+

+

사람은 누구나 부자가 되고 싶다고 말합니다. 그러나 정말로 부자가 되기 위한 행동을 꾸준히 실천하는 사람은 극소수에 불과합니다. 그동안 많은 사람에게 부동산과 재테크를 가르쳐 오면서 한 가지 확실한 사실을 알게 되었습니다. 부자가 되는 사람과 평생 제자리에서 머무는 사람의 차이는 '지식의 양'이 아니라 '행동의 습관'에 있다는 것입니다.

아무리 뛰어난 정보를 알고 있어도, 머릿속에서 정리되지 않으면 결국 행동으로 이어지지 않습니다. 반면 평범한 사람이라도 작은 실천을 매일 반복하면 삶 전체가 달라집니다. 돈을 버는 능력도, 돈을 지키는 힘도, 결국 습관의 문제라고 확신합니다.

수년간 부자들이 가진 공통점을 관찰하며 한 가지 강력한 비밀을 발견했습니다. 부자들은 반드시 기록한다는 점입니다. 그들은 목표를 기록하고, 숫자를 기록하고, 실패와 성공의 이유를 기록합니다. 그리고 그 기록을 끊임없이 되새기며 다음 행동을 더 빠르고 정확하게 만듭니다. 기록을 통해 생각이 정리되고, 정리된 생각이 실행을 만들어 냅니다.

부자는 절대 운으로 만들어지지 않습니다. 부자는 기록과 반복의 결과로 만들어진다고 단언합니다. 그래서 이 책을 집필했습니다. 이 책은 단순히 글씨를 예쁘게 따라 쓰는 노트가 아닙니다. 이 노트는 생각을 행동으로 연결시키는 엔진입니다. 100일 동안의 꾸준한 필사와 기록은 당신의 뇌에 가장 강력한 변화의 신호를 보내고, 머릿속에만 머물던 목표를 현실로 움직이게 합니다.

100일이라는 기간은 결코 짧지 않습니다. 대부분의 사람은 작심삼일로 무너지고, 열흘도 채 버티지 못합니다. 100일을 채우는 사람은 인생을 바꾸는 사람입니다. 100일 동안의 집중은 어떤 책보다 강력한 성장과 정신적 근육을 만들어 줍니다.

저는 강의와 상담을 통해 수많은 사람의 변화를 보았습니다. 연봉 3,000만 원도 안 되던 직장인이 1년 만에 첫 부동산 투자에 성공하고, 3년 만에 자산 10억 원을 달성한 사례도 있습니다. 또한 투자 경험이 전혀 없던 40대 주부가 절약과 기록의 힘으로 빚을 청산하고, 자산을 꾸준히 증식하는 삶을 살고 있습니다. 이들의 공통점은 특별한 능력이 아니라 기록과 실천을 멈추지 않았다는 점입니다.

결국 인생을 바꾸는 것은 '큰 결심'이 아니라 '작은 반복'입니다. 이 노트를 펼치며 한 가지 질문을 던지십시오.

"지금의 나는 100일 후 어디에 서 있기를 원하는가?"

만약 지금보다 더 나은 위치를 꿈꾼다면 오늘 당장 펜을 들어 첫

문장을 적기 바랍니다.

당신의 필사가 단순한 글씨 연습이 아니라 인생의 전환점이 되기를 바랍니다. 100일 뒤에 당신은 지금과 전혀 다른 사람으로 성장해 있을 것입니다. 외부 환경이 바뀌기를 기다릴 필요가 없습니다. 스스로 생각을 바꾸고, 행동을 바꾸면 현실은 반드시 따라옵니다.

당신의 100일이 시작됩니다. 부자가 되는 길은 멀리 있지 않습니다. 단지 기록하고, 반복하고, 끝까지 해 내면 됩니다. 이 책이 당신의 인생 여정에서 가장 강력한 무기가 되기를 진심으로 바랍니다.

끝으로 이 책이 세상에 나오기까지 함께 고민하고 함께 달려 온 공동 저자 김동민 님께 깊은 감사의 마음을 전합니다. 진심 어린 열정과 신뢰, 그리고 묵묵한 헌신이 없었다면 이 책은 나오지 못했을 것입니다. 최고의 동료와 함께 책을 작업할 수 있었다는 사실은 제게 큰 행운입니다. 앞으로도 함께 더 많은 사람에게 성장과 희망을 전하는 일을 계속하고 싶습니다.

유근용

나의 손끝에서
부의 마법이 시작됩니다

혹시 열심히 돈을 벌어도 늘 제자리에 있는 것 같아 답답하신가요? 매일 성실하게 살아가는데도 마음 한구석이 불안하거나, '내가 과연 부자가 될 수 있을까?'라는 근본적인 확신이 부족하지는 않으신가요?

수많은 사람이 돈 버는 기술을 배우는 데는 열심이지만, 정작 내면의 불안감은 다스리지 못하고 있습니다. 이 내면의 불안감이야말로 부를 향한 길을 가로막는 가장 큰 장벽입니다.

돈 버는 방법을 아무리 배워도 삶이 바뀌지 않는 이유는 돈을 대하는 내 마음가짐이 아직 준비되지 않았기 때문입니다. 내 마음속에 '가난의 말'이 남아 있다면 아무리 노력해도 부자가 되기 어렵습니다.

진정한 부는 외부의 정보나 기술이 아닌, 돈을 대하는 당신의 생각과 태도라는 내면의 힘에서 나옵니다. 이 확신이 준비되지 않으면 어떤 기회가 와도 그것을 잡을 용기가 생기지 않고, 결국 불안감이 당신의 삶을 지배하게 됩니다.

이 책은 바로 그 불안감을 잠재우고 확신을 심어 주는 100일간의 여정입니다. 복잡한 경제 지식 대신, 시대를 초월하여 부를 창조한 이들의 가장 핵심적인 통찰, 즉 '부자의 언어' 100가지를 당신의 손으로 직접 써 내려가도록 구성했습니다.

굳이 100일이라는 시간에 집중하는 이유가 있습니다. 100일 동안 꾸준히 필사를 하면 그것이 흔들리지 않는 습관이 되고, 습관이 되면 그것이 일상 속의 자연스러운 행동이 되며, 그 행동들이 모여서 곧 우리의 새로운 인생을 만들기 때문입니다. 손글씨로 부자의 언어를 따라 쓰는 동안 그들의 지혜가 내면에 깊이 각인되고, 당신의 잠재의 식에 풍요로움이 채워질 것입니다.

이 여정을 통해 당신은 돈에 대한 두려움이 사라지고, 위기를 만나 도 기회로 바꾸는 단단한 마음을 얻게 될 것입니다. 100일 후에는 단 순히 돈을 아는 사람이 아니라 돈을 부르는 습관과 생각을 가진 사 람으로 다시 태어날 것입니다.

이 원리는 저의 삶에서 이미 기적으로 증명되었습니다. 절망적인 사업 실패를 겪던 저는 인생의 멘토인 유근용(용쌤)을 만나 그의 가 르침인 독서(讀), 기록(記), 실행(行), 즉 '독기행'을 100일 동안 꾸준히 실천했습니다. 그 결과, 지금 좋은 날들을 만들어 가고 있으며, 이렇 게 용쌤과 함께 공동으로 책을 쓰는 꿈만 같은 기적까지 체험하고 있 습니다. 김동민이라는 한 사람의 인생에 책을 쓸 수 있는 기회와 도 움을 주신 유근용(용쌤)께 깊은 감사를 드립니다.

이 책은 단순히 성공 비법을 전하는 것을 넘어섭니다. 책과 기록,

그리고 실행이 한 사람의 절망적인 삶을 어떻게 희망의 이야기로 변화시킬 수 있는지, 저의 진실된 경험과 마음을 담았습니다. 이제 저는 두렵지 않습니다. 마인드셋과 습관의 힘을 통해 부자로 가는 길을 걷고 있기 때문입니다.

당신도 부자들의 언어를 매일 적어 내려가면서 이 노트를 완성하는 순간, 인생에서 부자로 가는 길이 활짝 열릴 것이라고 확신합니다. 당신의 손끝에서 시작될 이 놀라운 변화를 믿으십시오.

우리 모두 함께 만든 이 멋진 필사 책이 세상의 부자가 되고 싶은 평범한 어느 당신에게 가장 강력하고 확실한 도구가 되기를 바랍니다.

이제부터 시작될 당신의 위대한 여정을 축복합니다!

김동민

100일의 여정 | 부의 첫걸음

제1장 부자의 생각은 다르다

+

+

제2장 돈이 따라오는 습관 만들기

+

+

제3장 부의 기준을 바꾸는 자기관리

+

+

제4장 부자가 되는 관계의 기술

+

+

제5장 부자는 위기를 기회로 바꾼다

+

+

제6장 돈이 일하게 만드는 기술

+

+

제7장 평생 부자로 살기 위한 마인드셋

+

+

제1장

부자의 생각은 다르다

내 생각은
부의 시작점이다.

+

+

나는 돈에 대해 어떤 생각을 하고 있을까?

'돈은 벌기 어려워.' 같은 부정적인 생각에 갇혀 있지는 않은가?

"모든 것은 생각에서 시작된다."라는 말처럼 부자들은 돈을 바라보는 태도 자체가 다르다. 그들은 돈을 피곤한 대상이 아니라 꿈을 이루는 긍정적인 에너지로 여긴다.

나는 오늘부터 '나는 풍요를 누릴 자격이 있다.'는 긍정의 씨앗을 내 마음에 심겠다.

오늘의 부자 되는 습관

돈과 관련된 긍정적인 생각 한 가지를 소리 내어 말해 보기

나는 풍요를 향한
감사의 마음을 가진다.

+
+

나는 가진 것보다 가지지 못한 것에 집중하며 스스로를 가난하게 만들지 않겠다.

"감사하는 마음은 당신이 가진 모든 것을 더욱 풍요롭게 만든다."라는 말처럼 나는 지금 가진 것에 감사할 때 더 큰 풍요가 찾아온다는 것을 믿는다.

오늘부터 나는 내게 주어진 모든 것에 감사하는 마음을 가질 것이다. 이 감사함이 부를 향한 가장 확실한 길임을 안다.

오늘의 부자 되는 습관

진심으로 감사할 3가지를 떠올리고 기록해 보기

나는 부자의 습관을
모방한다.

+

+

부자는 타고난 것이 아니라 그들의 사고방식과 습관으로 만들어진다.

"성공의 가장 빠른 길은 성공한 사람들의 습관을 모방하는 것이다."라는 말

처럼 나는 먼저 부자들의 습관을 배우겠다. 그들은 어떤 생각을 하고, 어떤

행동을 실천하는가? 나는 그들의 지혜를 내 삶에 적용할 것이다.

오늘부터 부자의 습관을 내 삶에 한 걸음씩 들여놓겠다.

오늘의 부자 되는 습관

내가 아는 성공한 사람의 습관 한 가지를 떠올려 적고, 그 습관을 따라 해 보기

나는 긍정적인
돈의 흐름을 상상한다.

+

+

나는 돈을 추격하는 것이 아니라 돈이 나에게로 자연스럽게 흘러오도록 상상한다.

"당신이 무엇에 집중하느냐가 당신의 현실을 결정한다."라는 말처럼 나는 부족함보다 풍요로움에 집중하겠다. 나는 내가 원하는 부의 모습을 생생하게 그려 보고, 그에 걸맞은 행동을 할 것이다.

이 긍정적인 상상이 나를 부의 길로 이끌 것이다.

오늘의 부자 되는 습관

1년 후 내가 경제적으로 자유로워졌을 때의 모습을 구체적으로 상상하고 한 문장으로 적어 보기

나는 작은 성공을
축하한다.

＋

＋

나는 큰 성공만을 바라보며 지치지 않겠다.

"위대한 성공은 작은 승리들이 쌓여 이루어진다."라는 말처럼 나는 매일의 작은 성공에 감사할 것이다. 커피 한 잔을 아낀 것, 새로운 지식을 배운 것, 가계부를 쓴 것 모두 소중한 승리다.

이 작은 성공들이 모여 나를 부의 정상으로 이끌 것이다. 나는 나의 노력을 인정하고, 스스로를 격려하겠다.

오늘의 부자 되는 습관

돈과 관련하여 내가 해낸 작은 성공 한 가지를 찾아 축하해 주기

나는 미래를 위해
오늘을 소비한다.

+

+

나는 충동적인 만족을 위해 돈을 쓰는 대신, 미래의 나를 위해 현명하게 소비하겠다.

"성공한 사람들은 미래를 위해 오늘을 희생한다."라는 말처럼 나는 지금의 작은 노력이 미래의 큰 부로 돌아올 것을 믿는다.

나는 나의 성장에 투자하고, 자산을 늘리는 데 돈을 쓸 것이다. 오늘 하는 현명한 소비가 미래의 나를 자유롭게 할 것이다.

오늘의 부자 되는 습관

오늘 나를 위해 투자한 것이 있다면 무엇인지 떠올려 보고, 그 가치를 한 문장으로 적어 보기

나는 돈에 대한
솔직한 마음을 가진다.

+

+

나는 돈에 대해 솔직해질 것이다.

"자신에게 솔직하지 않은 사람은 다른 사람에게도 솔직할 수 없다."라는 말처럼 나는 돈에 대한 내 솔직한 감정을 들여다볼 것이다. 돈을 피하는 것이 아니라 돈에 대해 솔직한 대화를 나눌 것이다.

두려움, 욕망, 기대를 솔직하게 인정할 때 나는 돈과 건강한 관계를 맺을 수 있다.

오늘의 부자 되는 습관

돈에 대해 솔직히 이야기할 수 있는 사람(가족, 친구) 한 명에게 '돈'에 대한 당신의 생각 한 가지를 이야기해 보기

나는 내 삶의 가치를
높이는 데 집중한다.

+

+

나는 돈을 좇기보다 내 삶의 가치를 높이는 데 집중할 것이다.

"당신의 가치가 당신의 수입을 결정한다."라는 말처럼 내 안의 지식, 기술, 경험을 쌓는 것이 결국 가장 확실한 투자다. 나는 나 자신을 끊임없이 성장시키는 데 아낌없이 투자하겠다.

내 가치가 높아질수록 돈은 자연스럽게 따라올 것이다.

오늘의 부자 되는 습관

내가 가진 재능이나 기술을 향상시키기 위해 오늘 당장 할 수 있는 작은 행동 한 가지를 적어 보기

나는 스스로에게
긍정의 말을 건넨다.

+

+

나는 나 스스로에게 어떤 말을 하고 있을까?

혹시 나도 모르게 "나는 이것밖에 안 돼.", "나는 부족해."와 같은 말을 내뱉지는 않는가? "우리는 우리가 하는 말대로 된다."라는 말처럼 내 생각과 말은 내 삶을 만들어 내는 강력한 재료다.

나는 오늘부터 스스로에게 좋은 말을 해 줄 것이다. 나를 응원하고 격려하며, 내 안의 부자를 깨우는 주문을 걸 것이다.

오늘의 부자 되는 습관

'나는 ~ 할 수 있다.'로 시작하는 긍정적인 문장 한 가지를 만들어 하루 동안 반복해서 말해 보기

나는 작은 변화의
힘을 믿는다.

+

+

나는 거창한 계획보다 매일의 작은 변화를 택하겠다.

"천 리 길도 한 걸음부터"라는 말처럼 부를 향한 여정은 아주 작은 습관에서 시작한다. 나는 하루에 5분이라도 경제 기사를 읽고, 지출 내역을 확인하며, 미래를 위한 계획을 세울 것이다.

이 작은 변화들이 모여 나를 부자로 이끄는 거대한 힘이 될 것이다.

오늘의 부자 되는 습관

당신의 재정을 위해 딱 5분만 할애할 수 있는 일 한 가지를 적고 실행해 보기

나는 돈을 존중하고
현명하게 다룬다.

✦

✦

나는 돈을 하찮게 여기거나 무시하지 않겠다.

"모든 위대한 성공은 작은 것에서 시작된다."라는 말처럼 나는 한 푼의 동전이라도 소중히 다루고 허투루 쓰지 않을 것이다. 내가 돈을 존중하는 마음을 가질 때 돈 또한 나를 존중하게 될 것을 믿는다.

돈을 현명하게 다루는 습관이 나를 부자의 길로 이끌 것이다.

오늘의 부자 되는 습관

오늘 사용한 돈의 가치를 한 번 더 생각하고, 그 돈을 좀 더 현명하게 쓸 수 있는 방법이 있었는지 떠올려 보기

나는 배움을
멈추지 않는다.

+

+

나는 부를 쌓아 가는 과정에서 배우고 또 배우겠다.

"배움을 멈추는 순간, 성장은 멈춘다."라는 말처럼 나는 끊임없이 새로운 지식을 탐구할 것이다. 경제, 투자, 기술 등 부와 관련된 모든 배움을 즐기겠다.

내 머릿속의 지식이 쌓여 갈수록 나의 재정적 미래는 더욱 밝아질 것이다.

오늘의 부자 되는 습관

돈과 관련된 책 제목이나 유튜브 채널 한 가지를 찾아보고, 오늘 안에 훑어보기

나는 변화를
두려워하지 않는다.

+

+

나는 익숙한 것에 안주하지 않고, 새로운 변화를 기꺼이 받아들이겠다.
"가장 위험한 것은 아무것도 시도하지 않는 것이다."라는 말처럼 나는 변화를 통해 성장할 기회를 잡을 것이다. 새로운 투자 방법, 새로운 습관, 새로운 도전 앞에서 나는 망설이지 않겠다.
변화는 나를 더 큰 부와 자유로 이끄는 문이다.

오늘의 부자 되는 습관

최근에 해 보고 싶었지만 망설였던 재정적 도전 한 가지를 떠올리고, 그 도전의 첫걸음이 무엇일지 생각해 보기

나는 내 삶의
경제적 주체이다.

+

+

나는 내 삶의 주인이자 내 경제적 상황의 책임자이다.

"성공한 사람들은 자신의 삶에 책임이 있음을 인식한다."라는 말처럼 나는 외부 상황이나 다른 사람을 탓하지 않겠다. 모든 재정적 결정은 내가 내린 것이고, 그 결과 또한 나의 것이다.

이 책임감을 받아들일 때 나는 비로소 진정한 부의 주체가 될 수 있다.

오늘의 부자 되는 습관

최근에 돈과 관련하여 내린 결정 한 가지를 떠올리고, 그 결정에 대해 스스로 책임지고 인정하며 "잘했어."라고 말해 보기

제**2**장

돈이
따라오는
습관 만들기

나는 작은 습관에서
부를 시작한다.

+

+

나는 거창한 계획보다 매일의 작은 습관을 택한다.

"위대한 성공은 작은 습관에서 시작된다."라는 말처럼 부를 향한 여정은 한 번에 이룰 수 있는 것이 아니다. 나는 오늘부터 작은 습관 하나를 시작하겠다. 가계부 쓰기, 커피 값 아끼기, 경제 기사 읽기 등 무엇이든 좋다.

이 작은 시작이 나를 부자의 길로 이끄는 첫걸음이 될 것이다.

오늘의 부자 되는 습관

오늘부터 매일 꾸준히 실천할 수 있는 재정 습관 한 가지를 정하고 적어 보기

나는 내 돈의
흐름을 파악한다.

+

+

나는 내 돈이 어디로 흘러가는지 정확히 파악하겠다.

"당신이 어디에 돈을 쓰는지 알지 못하면, 당신은 절대 부자가 될 수 없다."

라는 말처럼 나는 무심코 새는 돈을 방치하지 않겠다. 나는 매일의 지출을 기록하고, 내 돈의 흐름을 한눈에 볼 것이다.

이 습관이 나에게 통제력을 주고, 돈을 현명하게 쓸 수 있는 지혜를 줄 것이다.

오늘의 부자 되는 습관

오늘 사용한 돈을 잠자리에 들기 전에 모두 기록해 보기

나는 먼저 나 자신에게
돈을 지불한다.

+

+

나는 수입이 생기면 가장 먼저 저축부터 하겠다.

"부자가 되려면 먼저 저축을 시작해야 한다."라는 말처럼 나는 소비하고 남은 돈을 저축하지 않을 것이다. 먼저 미래의 나를 위해 일정 금액을 떼어 놓는 습관을 만들겠다.

이 습관이 나에게 든든한 재정 기반을 만들어 주고, 경제적 자유를 향한 길을 열어 줄 것이다.

오늘의 부자 되는 습관

월급날이나 수입이 생기는 날, 가장 먼저 일정 금액을 저축 통장으로 옮겨 놓는 습관을 계획해 보기

나는 내 돈에
목적을 부여한다.

+

+

나는 돈을 그저 흘려보내지 않겠다.

"돈은 주인이 있을 때 가장 잘 작동한다."라는 말처럼 나는 내 돈에 분명한 목적을 부여할 것이다. 나는 매달 예산을 세워, 내 돈이 어디에 쓰일지 미리 정하겠다. 예산은 나에게 통제력을 주고, 목표를 향한 나의 의지를 강화해 줄 것이다.

내 돈은 의미 있는 곳에 쓰일 것이다.

오늘의 부자 되는 습관

이번 달 수입을 어디에 쓸지 큰 카테고리로 나누어 간단한 예산을 세워 보기

나는 '필요'와
'욕망'을 구분한다.

나는 순간적인 욕망에 휩쓸리지 않겠다.

"부자가 되려면 가지고 싶은 것과 필요한 것을 구분하라."라는 말처럼 나는 지출하기 전에 이 물건이 정말 필요한 것인지, 아니면 그저 갖고 싶은 것인지 스스로에게 질문할 것이다.

이 습관은 나에게 현명한 소비를 가르쳐 주고, 불필요한 지출을 줄여 저축을 늘려 줄 것이다.

오늘의 부자 되는 습관

오늘 갖고 싶은 물건이 생기면 '이것이 정말 내게 필요한가?'라고 스스로에게 묻고 1시간 뒤에 다시 생각해 보기

나는 시간의
힘을 활용한다.

+

+

나는 작은 돈도 무시하지 않겠다.

"복리의 힘은 세계 8대 불가사의다."라는 말처럼 나는 시간의 힘을 이용해 내 돈을 불릴 것이다. 매일의 작은 저축은 시간이 흐르면 엄청난 자산이 된다. 나는 꾸준한 저축과 현명한 투자를 통해 복리의 마법을 경험할 것이다. 나는 장기적인 시각을 가지고 부를 쌓아 갈 것이다.

오늘의 부자 되는 습관

'복리'의 개념에 대해 짧게라도 검색해 보고, 그것이 내 돈에 어떻게 적용될 수 있을지 상상해 보기

나는 매일 배우고
성장하는 습관을 만든다.

+

+

나는 돈을 벌기 위해 나 자신을 가장 먼저 계발하겠다.

"가장 중요한 투자는 바로 당신 자신에게 하는 것이다."라는 말처럼 나는

매일의 배움을 소홀히 하지 않겠다. 나는 매일 10분씩이라도 책을 읽고, 새

로운 정보를 얻으며, 내 가치를 높일 것이다.

내 지식과 기술이 곧 나의 가장 강력한 자산이 될 것이다.

오늘의 부자 되는 습관

돈과 관련된 책이나 강의 제목을 한 가지 찾아보고, 오늘 안에 그 내용을 훑어보기

나는 소극적
소득의 길을 찾는다.

+

+

나는 오직 노동 소득에만 의존하지 않겠다.

"진정한 자유는 당신이 일하지 않아도 돈이 들어올 때 시작된다."라는 말처럼 나는 소극적 소득(Passive Income)을 위한 길을 찾을 것이다. 부업, 투자, 지식 상품 등 다양한 방법을 통해 내 돈이 나를 위해 일하게 만들겠다.

이 습관이 나를 시간과 돈의 제약에서 벗어나게 해 줄 것이다.

오늘의 부자 되는 습관

지금 당장 내가 만들 수 있는 소극적 소득의 방법이 무엇일지 상상해 보고 한 가지를 적어 보기

나는 미래를 위해
오늘을 절약한다.

+

+

나는 미래의 풍요를 위해 오늘의 소비를 통제하겠다.

"절약은 부를 향한 가장 기본적인 습관이다."라는 말처럼 나는 지혜로운 절약을 통해 부의 씨앗을 뿌리겠다. 나는 모든 지출을 한 번 더 생각하고, 불필요한 낭비를 줄일 것이다.

오늘의 작은 절약이 모여 내 미래를 위한 든든한 자산이 될 것이다.

오늘의 부자 되는 습관

이번 주에 지출할 것 중 한 가지를 절약할 수 있는 방법을 찾아보기

나는 경제적 위기를
대비한다.

+

+

나는 예기치 못한 위기에 대비하는 습관을 만들겠다.

"부자는 위기 속에서 기회를 찾고, 가난한 사람은 위기 속에서 좌절한다."라
는 말처럼 나는 미래가 불안하지 않도록 미리 준비할 것이다. 나는 비상금 통
장을 만들고, 혹시 모를 상황에 대비하는 습관을 가질 것이다.

이 습관은 나에게 심리적 안정감과 재정적 자유를 줄 것이다.

오늘의 부자 되는 습관

만약 비상 상황이 발생했을 때, 내가 필요하다고 생각하는 비상금의 규모를 생각해 보기

나는 신용을
자산으로 만든다.

+

+

나는 좋은 신용을 쌓는 습관을 만들겠다.

"신용은 돈보다 더 귀중한 자산이다."라는 말처럼 나는 약속을 지키고, 부채를 현명하게 관리할 것이다. 좋은 신용은 더 좋은 금융 기회를 가져다주고, 미래의 자산 형성에 큰 도움이 된다.

나는 신용을 내 삶의 중요한 자산으로 여기고 관리하겠다.

오늘의 부자 되는 습관

내 신용점수를 올리기 위해 할 수 있는 작은 행동 한 가지를 적고, 바로 실천해 보기

나는 재정 목표를
꾸준히 점검한다.

+

+

나는 목표를 세우는 것에 그치지 않고, 꾸준히 점검하는 습관을 만들겠다.

"계획 없는 목표는 한낱 꿈에 불과하다."라는 말처럼 나는 주기적으로 내 재정 목표를 확인하고, 계획을 수정하며, 앞으로 나아가겠다.

나는 이 습관을 통해 내가 올바른 길로 가고 있는지 확인하고, 동기를 잃지 않을 것이다.

오늘의 부자 되는 습관

내가 세운 재정 목표를 한 번 더 확인하고, 그 목표를 달성하기 위해 이번 달에 무엇을 할 것인지 한 가지 적어 보기

나는 나눔의
습관을 만든다.

+

+

나는 부를 쌓는 동시에 나눔을 실천하는 습관을 만들겠다.

"주는 자가 받는 자보다 더 행복하다."라는 말처럼 나는 나눔이 부를 확장

시키는 가장 강력한 힘임을 믿는다. 나는 돈이 많아서 나누는 것이 아니라

나누는 마음이 부를 가져온다는 것을 알고 있다.

작은 금액이라도, 꾸준히 나누는 습관이 나를 진정한 부자로 만들 것이다.

오늘의 부자 되는 습관

돈을 쓰지 않고도 나눌 수 있는 것을 한 가지 찾아 실천해 보기

나는 내 삶의
주도권을 갖는다.

+

+

나는 돈에 끌려다니지 않고, 내 삶의 주도권을 내가 쥐겠다.

"습관은 처음에는 거미줄처럼 보이지만, 곧 밧줄이 된다."라는 말처럼 나는 오늘까지 쌓아온 부의 습관들을 통해 나를 얽매는 재정적 불안에서 벗어날 것이다.

나는 나의 습관을 통해 내 삶을 통제하고, 내가 원하는 미래를 만들어 나갈 것이다.

오늘의 부자 되는 습관

지금까지 내가 얻은 부의 습관 중 가장 뿌듯하게 생각하는 한 가지를 적고, 그 이유를 생각해 보기

제3장

부의 기준을
바꾸는
자기관리

나는 내 삶의
성장을 책임진다.

+

+

나는 다른 사람이나 외부 환경 탓을 하지 않겠다.

"자신을 책임지는 순간, 비로소 성장이 시작된다."라는 말처럼 나는 내 삶의 모든 선택과 결과가 나에게 달려 있음을 온전히 인정할 것이다. 내가 성장해야 나의 부도 성장한다는 것을 안다.

내 삶의 주도권을 내가 쥐고, 끊임없이 발전하는 것에 집중하겠다.

오늘의 부자 되는 습관

어떤 일이든 스스로에게 "내 책임이야."라고 말해 보기

나는 시간을
내 편으로 만든다.

+

+

나는 "시간이 없다."라는 변명을 하지 않겠다.

"성공한 사람들은 시간을 관리하고, 실패한 사람들은 시간을 소비한다."라
는 말처럼 나는 내 시간을 철저히 관리할 것이다. 나는 매일 중요한 일에 먼
저 시간을 할애하고, 시간을 낭비하는 요소들을 차단하겠다.

시간이라는 소중한 자원을 내 편으로 만드는 것이 부를 얻는 길이다.

오늘의 부자 되는 습관

내일 할 일 중 가장 중요하다고 생각되는 한 가지를 먼저 정하고, 그 일을 위한 시간을 미리 확보
해 두기

나는 내 몸과 마음의 에너지를 관리한다.

+

+

나는 건강이 부의 근원임을 안다.

"건강이라는 자원이 없으면 어떤 부도 즐길 수 없다."라는 말처럼 나는 내 몸과 마음의 에너지를 소중히 관리하겠다. 충분한 수면, 건강한 음식, 규칙적인 운동이 나를 위한 가장 기본적인 투자다.

나는 에너지 넘치는 몸과 마음으로 부를 쌓아 갈 것이다.

오늘의 부자 되는 습관

내 몸에 활력을 줄 수 있는 행동 한 가지를 실천해 보기

나는 불편함을
성장의 기회로 여긴다.

+

+

나는 익숙한 것에서 벗어나 불편함을 기꺼이 받아들이겠다.

"성장은 안전지대 밖에서 일어난다."라는 말처럼 나는 새로운 도전 앞에서

망설이지 않겠다. 익숙함이 나를 안주하게 만들 때 나는 용기를 내어 한 걸음

더 나아갈 것이다.

불편함 속에서 나는 더 큰 지혜와 능력을 얻게 될 것이다.

오늘의 부자 되는 습관

평소에 해 보지 않았던 새로운 시도 한 가지를 해 보기

나는 나만의
전문 분야를 만든다.

+

+

나는 내가 하는 일에 있어 최고의 전문가가 되겠다.

"성공은 전문성에서 나온다."라는 말처럼 나는 내 분야에서 독보적인 가치를 만드는 데 집중할 것이다. 나의 지식과 기술이 깊어질수록 나는 더 많은 기회를 얻고, 더 많은 부를 창출하게 될 것이다.

나의 전문성이 곧 나의 가장 강력한 무기다.

오늘의 부자 되는 습관

내가 가진 재능이나 기술 중 하나를 선택해, 그것을 더 발전시키기 위한 구체적인 방법 한 가지를 찾아보기

나는 지식이라는
자산을 쌓는다.

+

+

나는 지식을 돈보다 소중한 자산으로 여길 것이다.

"지식은 당신이 가진 유일한 진정한 재산이다."라는 말처럼 나는 끊임없이 배우는 습관을 만들겠다. 부와 관련된 책, 강의, 사람들을 통해 지식의 폭을 넓히겠다.

내 머릿속의 지식이 쌓여 갈수록 나의 재정적 미래는 더욱 밝아질 것이다.

오늘의 부자 되는 습관

새롭게 배우고 싶은 분야의 책 한 권을 정하고, 그 책의 목차를 살펴본 뒤 흥미로운 부분을 한 가지만 적어 보기

나는 나만의
철학을 구축한다.

+

+

나는 남들의 성공 방식을 맹목적으로 따르지 않겠다.

"자신만의 철학이 없으면, 당신은 다른 사람의 철학에 의해 살게 된다."라

는 말처럼 나는 부에 대한 나만의 기준과 철학을 만들겠다. 내가 왜 부자가

되고 싶은지, 부자가 되면 무엇을 하고 싶은지 명확히 할 것이다.

나만의 철학이 나를 흔들림 없는 부자의 길로 이끌 것이다.

오늘의 부자 되는 습관

나에게 '진정한 부'란 무엇인지 스스로에게 묻고, 그 답을 한 문장으로 적어 보기

나는 내 삶에
집중력을 부여한다.

+

+

나는 나의 목표와 비전에 온전히 집중하겠다.

"성공의 비결은 단 한 가지, 목표에 대한 확신이다."라는 말처럼 나는 나의 목표에만 집중하고 외부의 잡음에 흔들리지 않겠다. 불필요한 정보와 방해 요소를 차단하고, 나의 에너지를 내가 원하는 방향으로만 쏟겠다.

이 집중력이 나를 성공으로 이끌 것이다.

오늘의 부자 되는 습관

나의 목표 달성을 방해하는 요소 한 가지를 정하고, 30분 동안 멀리해 보기

나는 내 삶을
스스로 통제한다.

+

+

나는 돈에 휘둘리지 않고, 나 자신을 통제하겠다.

"자신을 통제하는 것은 부를 통제하는 첫걸음이다."라는 말처럼 나는 내 삶
의 모든 부분을 내가 통제하겠다.

소비 습관, 시간 관리, 마음가짐 등 내가 통제할 수 있는 것들에 집중할 때
나는 진정한 자유와 부를 얻게 될 것이다.

오늘의 부자 되는 습관

내가 통제할 수 있다고 생각하는 것 한 가지를 떠올려 적고, 그것을 온전히 통제해 보기

나는 나의 평판을
가장 귀한 자산으로 여긴다.

+

+

나는 나의 평판이 곧 나의 자산임을 잊지 않겠다.

"신뢰는 모든 거래의 기본 통화다."라는 말처럼 나는 다른 사람들에게 신뢰를 얻을 수 있도록 노력하겠다. 약속을 지키고, 진실하며, 겸손한 태도를 유지할 것이다.

나의 좋은 평판은 나를 위한 가장 중요한 무형의 자산이 될 것이다.

오늘의 부자 되는 습관

오늘 만나는 사람 한 명에게 진심으로 감사하다는 말을 전하거나 칭찬해 주기

나는 휴식을 통해
더 큰 부를 준비한다.

+

+

나는 끊임없이 달리기만 하지 않고, 휴식을 통해 나를 재정비하겠다.

"쉬는 것은 멈추는 것이 아니라 더 잘 나아가기 위한 준비다."라는 말처럼

나는 적절한 휴식의 중요성을 안다.

재충전의 시간을 통해 몸과 마음을 회복하고, 더 나은 아이디어와 에너지

로 부를 향한 여정을 이어 가겠다.

오늘의 부자 되는 습관

나를 위해 온전히 휴식할 시간 30분을 정하고, 그 시간에 무엇을 할지 계획해 보기

나는 긍정적인 관계를 관리한다.

+

+

나는 내가 만나는 사람들에게서 배운다.

"당신의 순자산은 당신의 네트워크에서 나온다."라는 말처럼 나는 긍정적이고 생산적인 사람들과 교류하겠다. 그들의 에너지와 지혜가 나를 고양시키고, 새로운 기회를 발견하게 해 줄 것이다.

나는 내가 어떤 관계에 속해 있는지 의식적으로 관리하고, 서로에게 좋은 영향을 주는 사람들을 내 삶으로 끌어당기겠다.

오늘의 부자 되는 습관

내가 존경하고 배우고 싶은 사람 한 명을 떠올려 보고, 그 사람에게 배울 수 있는 점을 한 가지 적어 보기

나는 문제를
해결하는 사람이다.

+

+

나는 문제가 생겼을 때 좌절하지 않고 해결책을 찾겠다.

"성공한 사람은 문제를 찾고, 평범한 사람은 문제를 피한다."라는 말처럼 나는 모든 문제를 성장의 기회로 여기겠다.

나의 지식과 경험을 활용해 문제를 해결하는 습관이 나를 전문가로 만들고, 결국 부를 창출하는 힘이 될 것이다.

오늘의 부자 되는 습관

오늘 겪은 작은 문제 한 가지를 떠올리고, 그 문제를 해결하기 위한 구체적인 방법 한 가지를 적어 보기

나는 내 부의 목적을
명확히 한다.

+

+

나는 왜 부자가 되고 싶은지 스스로에게 묻겠다.

"진정한 부는 통장 잔고가 아니라 당신이 세상에 남기는 영향력이다."라는 말처럼 나는 단순히 돈을 버는 것을 넘어, 나의 부가 의미 있게 쓰이는 삶을 꿈꾸겠다.

나만의 부의 목적이 명확해질 때 나의 모든 노력은 더 큰 가치를 가지게 될 것이다.

오늘의 부자 되는 습관

내가 꿈꾸는 부의 목적을 한 가지 적고, 그 목적을 달성했을 때의 내 모습을 상상해 보기

제**4**장

부자가 되는 관계의 기술

나는 나를 성장시키는 사람들과 함께한다.

+

+

나는 내가 가장 많은 시간을 보내는 사람들의 영향을 받는다.

"당신은 당신이 가장 많은 시간을 보내는 5명의 평균이다."라는 말처럼 나는 나를 고양시키고, 영감을 주며, 긍정적인 방향으로 이끌어 주는 사람들과 교류하겠다.

나는 관계를 소비하는 것이 아니라 관계에 투자할 것이다. 이 관계들이 나를 더 높은 곳으로 데려다 줄 것이다.

오늘의 부자 되는 습관

내가 가장 많은 시간을 보내는 5명을 떠올리고, 그들의 긍정적인 특성 한 가지를 적어 보기

나는 멘토의
지혜를 구한다.

+

+

나는 혼자 힘으로 모든 것을 이루려 하지 않겠다.

"가장 현명한 사람은 다른 사람의 경험으로 배운다."라는 말처럼 나는 이미 성공의 길을 걸은 멘토들의 조언을 구하겠다. 그들의 지혜는 내가 시행착오를 줄이고, 더 빠르게 성장할 수 있는 가장 확실한 지름길이다.

나는 겸손한 마음으로 배움을 청할 것이다.

오늘의 부자 되는 습관

내가 존경하는 멘토의 조언 중 가장 인상 깊은 한 가지를 찾아 적어 보기

나는 먼저
가치를 제공한다.

\+

\+

나는 받기 전에 먼저 주는 사람이 되겠다.

"당신이 원하는 것을 얻는 가장 좋은 방법은, 다른 사람들이 원하는 것을 얻도록 돕는 것이다."라는 말처럼 나는 관계 속에서 내가 줄 수 있는 가치에 집중할 것이다. 이기적인 관계는 오래가지 못한다.

내가 먼저 신뢰와 도움을 제공할 때 그 관계는 진정한 자산이 되어 돌아올 것이다.

오늘의 부자 되는 습관

내가 만난 사람에게 아무런 대가 없이 베풀 수 있는 작은 친절이나 도움 한 가지를 실천해 보기

나는 함께 성장하는
팀을 만든다.

+

+

나는 비슷한 목표를 가진 사람들과 함께 지혜를 나눈다.

"모든 위대한 성공은 파트너십으로 이루어진다."라는 말처럼 나는 뜻이 맞는 사람들과 함께 '마스터마인드'를 구축하겠다. 혼자 고민하는 것보다 함께 지혜를 모을 때 더 빠르고 강력한 결과를 얻을 수 있음을 안다.

나의 성공은 곧 우리의 성공이다.

오늘의 부자 되는 습관

함께 성장하고 싶은 친구나 동료 한 명에게 응원의 메시지를 보내기

나는 경청하는
습관을 만든다.

+

+

나는 다른 사람의 말에 귀 기울여 진심으로 이해하려 노력하겠다.

"먼저 귀를 기울여라. 그러면 당신의 차례가 왔을 때 사람들도 당신에게 귀 기울일 것이다."라는 말처럼 경청은 모든 관계의 기본이다. 나는 상대방의 필요와 목표를 이해함으로써 그들에게 진정한 도움을 줄 수 있는 방법을 찾을 것이다.

이 습관이 깊은 신뢰를 형성할 것이다.

오늘의 부자 되는 습관

대화할 때 상대방의 말을 끊지 않고 끝까지 듣는 것을 목표로 삼아 실천해 보기

나는 다양한 분야의
사람들과 연결된다.

+

+

나는 나만의 울타리에 갇혀 있지 않겠다.

"가장 큰 기회는 당신이 보지 못한 곳에 숨어 있다."라는 말처럼 나는 새로운 시각과 지혜를 얻기 위해 다양한 분야의 사람들과 교류할 것이다. 예상치 못한 연결고리가 나에게 새로운 아이디어와 비즈니스 기회를 가져다줄 것이다.

나는 관계의 폭을 넓히겠다.

오늘의 부자 되는 습관

평소 관심 없던 분야의 책이나 뉴스 한 가지를 찾아 읽고, 그 분야의 전문가 한 명을 검색해 보기

나는 소중한 인연을
꾸준히 관리한다.

+

+

나는 관계를 일회성 만남으로 끝내지 않겠다.

"모든 관계는 관리가 필요하다."라는 말처럼 나는 소중한 사람들과 꾸준히 연락하며 관계를 유지할 것이다. 바쁘다는 핑계로 인연을 소홀히 하지 않겠다. 작은 안부 연락이나 진심 어린 관심이 관계를 튼튼하게 만드는 가장 중요한 요소임을 안다.

오늘의 부자 되는 습관

오랜만에 연락하고 싶은 소중한 사람 한 명에게 먼저 연락해 안부를 물어 보기

나는 부정적인
관계에서 벗어난다.

+

+

나는 나의 성장을 방해하는 관계를 끊어 낼 용기를 갖겠다.

"썩은 사과 하나가 상자 전체를 망친다."라는 말처럼 부정적인 에너지는 나의 꿈과 목표를 좀먹는다. 나는 나를 깎아내리거나 현실에 안주하게 만드는 관계에서 벗어나겠다.

나의 마음가짐과 시간을 보호하는 것이 나를 위한 중요한 자기관리임을 안다.

오늘의 부자 되는 습관

나를 부정적인 감정으로 이끌었던 관계나 환경 한 가지를 떠올리고, 그것과 거리를 둘 수 있는 작은 방법 한 가지를 생각해 보기

나는 사람들을
연결하는 다리가 된다.

+

+

나는 단지 관계를 맺는 것을 넘어, 다른 사람들을 연결해 주는 역할을 하겠다. "가장 성공한 사람들은 가장 많은 다리를 놓는 사람들이다."라는 말처럼 나는 다른 사람들의 성장을 돕는 연결고리가 되겠다.

내가 사람들을 도울 때 그 선한 영향력은 결국 나에게 더 큰 기회와 신뢰로 돌아올 것이다.

오늘의 부자 되는 습관

내가 아는 두 사람 중 서로에게 도움이 될 만한 관계를 떠올리고, 그 둘을 연결해 줄 방법을 생각해 보거나 실제로 소개해 주기

나는 갈등을
성장의 기회로 활용한다.

+

+

나는 관계 속에서 발생하는 갈등을 피하지 않겠다.

"모든 갈등 속에는 숨겨진 기회가 있다."라는 말처럼 갈등은 서로를 더 깊이

이해하고 관계를 발전시킬 기회다. 나는 감정적으로 대응하는 대신, 이성적

이고 차분하게 대화하여 문제를 해결할 것이다.

이 습관이 나를 더욱 성숙한 부자로 만들 것이다.

오늘의 부자 되는 습관

최근에 겪은 사소한 갈등 한 가지를 떠올리고, 그때 나의 말이나 행동이 아닌 '경청'으로 해결할
수 있는 방법이 있었는지 생각해 보기

나는 내 주변의 파트너를
소중히 여긴다.

\+

\+

나는 내 가장 가까운 사람들을 최고의 팀원으로 여긴다.

"가장 성공적인 사람들은 가장 좋은 팀을 가지고 있다."라는 말처럼 배우자

나 가족, 가장 가까운 동료는 나의 부를 쌓는 데 결정적인 역할을 한다.

나는 그들의 노력을 인정하고, 함께 목표를 공유하며, 상호 존중하는 관계를

만들겠다.

오늘의 부자 되는 습관

나의 재정 목표 달성에 도움을 주는 가장 가까운 사람 한 명에게 감사의 마음을 담아 메시지 보
내기

나는 도움을 요청하는 것을
주저하지 않는다.

+

+

나는 도움을 요청하는 것을 약점으로 여기지 않겠다.

"당신이 원하는 것을 얻는 가장 빠른 방법은, 그것을 요청하는 것이다."라는 말처럼 나는 필요할 때 주저 없이 도움을 구하겠다. 성공한 사람들은 도움을 주고받는 데 능숙하다.

나는 용기를 내어 전문가의 지식과 조언을 구하는 습관을 만들겠다.

오늘의 부자 되는 습관

내가 가진 재정적 고민이나 목표에 대해 조언을 구할 사람 한 명을 떠올리고, 그 사람에게 보낼 질문 한 가지를 적어 보기

나는 약속을
지키는 사람이다.

+

+

나는 나의 말과 행동에 책임을 지겠다.

"신뢰는 모든 부의 기초이다."라는 말처럼 나는 작은 약속이라도 소중히 지킬 것이다. 나의 신뢰는 사람들을 끌어당기고, 그들은 나에게 중요한 정보와 기회를 가져다줄 것이다.

나는 신뢰를 나의 가장 강력한 무형의 자산으로 만들겠다.

오늘의 부자 되는 습관

내가 누군가에게 한 약속을 떠올리고, 반드시 지키겠다고 다짐하기

나는 나의
성공을 공유한다.

+

+

나는 성공했을 때 그 기쁨을 다른 사람들과 나누겠다.

"진정한 리더는 자신의 성공을 팀의 성공으로 돌린다."라는 말처럼 나는 나의 성과를 함께 이룬 사람들에게 돌릴 것이다. 성공을 공유할 때 나의 관계는 더욱 단단해지고, 나는 더 큰 신뢰와 지지를 얻게 될 것이다.

이 공유가 나를 지속가능한 부자로 만들 것이다.

오늘의 부자 되는 습관

최근에 이룬 작은 성공 한 가지를 떠올리고, 그 성공에 기여한 사람 한 명에게 감사를 표현해 보기

제5장

부자는 위기를 기회로 바꾼다

나는 위기를
성장의 기회로 바라본다.

+

+

나는 위기 상황을 회피하지 않고 정면으로 마주하겠다.

"위기는 위험과 기회의 합성어이다."라는 말처럼 나는 불안 속에서 남들이 보지 못하는 기회를 찾을 것이다. 위기는 나에게 더 현명하고 강해질 기회를 준다.

나는 위기를 두려움이 아닌 도약의 발판으로 여기겠다.

오늘의 부자 되는 습관

'위기'나 '문제'를 다룬 최근의 뉴스 기사 한 가지를 찾아보고, 그 안에 숨겨진 '기회'가 무엇일지 생각해 보기

나는 불안 속에서
침착함을 유지한다.

+

+

나는 불확실성 속에서도 감정에 휩쓸리지 않겠다.

"침착함을 유지하는 것은 가장 큰 무기이다."라는 말처럼 위기일수록 냉정하게 상황을 분석할 것이다. 나는 감정적인 결정을 피하고, 이성적인 판단을 내리겠다.

내 안의 평정심이야말로 위기를 관리하는 가장 강력한 힘이다.

오늘의 부자 되는 습관

숨을 깊게 들이쉬고 내쉬는 것을 3번 반복하며, 내 마음을 차분하게 가라앉히는 시간을 가져 보기

나는 장기적인 시각으로
부를 쌓는다.

✦

✦

나는 단기적인 소음에 흔들리지 않겠다.

"나무를 심기에 가장 좋은 시기는 20년 전이었고, 두 번째로 좋은 시기는 지금이다."라는 말처럼 나는 당장의 이익보다 장기적인 성장에 집중하겠다. 위기 상황일수록 멀리 내다보고, 흔들리지 않는 믿음으로 나의 자산과 목표를 지켜 갈 것이다.

오늘의 부자 되는 습관

내가 가진 재산이 5년 뒤에 어떤 모습이 되어 있을지 구체적으로 상상해 보기

나는 최악의 상황을
미리 대비한다.

+

+

나는 예방이 치료보다 낫다는 것을 안다.

"배가 침몰할 때만 구명조끼를 찾지 않는다."라는 말처럼 나는 재정적 위기에 대비하는 계획을 미리 세울 것이다. 비상금 마련, 보험 점검 등 만일의 사태에 대비하는 습관이 나에게 진정한 안전과 자유를 줄 것이다.

대비하는 마음이 곧 부를 지키는 힘이다.

오늘의 부자 되는 습관

내가 가진 재정적 위험 중 한 가지를 적고, 그것을 줄일 수 있는 작은 방법 한 가지를 생각해 보기

나는 변화에
유연하게 적응한다.

+

+

나는 고집을 부리지 않고 변화에 빠르게 적응하겠다.

"변화는 피할 수 없다. 성장은 선택 사항이다."라는 말처럼 나는 시장과 환경의 변화를 배우고 받아들일 것이다. 유연한 사고방식만이 새로운 시대의 흐름을 타고 부를 창출할 수 있는 힘이 된다.

나는 늘 배우고, 새로운 방식을 시도하겠다.

오늘의 부자 되는 습관

최근에 배운 새로운 정보나 기술 한 가지를 떠올리고, 그것이 내 재정 계획에 어떻게 도움을 줄 수 있을지 생각해 보기

나는 역발상의
기회를 찾는다.

+

+

나는 모두가 두려워할 때 용기를 내어 기회를 찾겠다.

"모두가 파는 순간, 부자는 산다."라는 말처럼 나는 대중의 심리에 휩쓸리지 않을 것이다. 시장이 혼란스러울 때 나는 냉철한 분석을 통해 가치 있는 것을 발견할 것이다.

역발상의 사고방식이 나를 평범한 무리에서 벗어나게 해 줄 것이다.

오늘의 부자 되는 습관

대부분의 사람이 비관적으로 생각하는 주제 한 가지를 떠올리고, 그에 대한 긍정적인 반대 의견을 찾아보기

나는 비상금을
나의 안전망으로 구축한다.

+

+

나는 예상치 못한 지출에 대비하는 안전망을 만들겠다.

"부채가 없는 것이 부의 첫걸음이다."라는 말처럼 나는 빚을 내지 않고 위기를 넘길 수 있는 비상금을 마련할 것이다.

이 비상금은 나에게 심리적 안정감을 주고, 급박한 상황에서 좋은 기회를 잡을 수 있는 여유를 줄 것이다.

오늘의 부자 되는 습관

지금까지 모은 비상금이나 저축 금액을 확인하고, 비상금 목표액을 달성하기 위한 작은 계획을 세워 보기

나는 과거 경제 위기를 통해
교훈을 얻는다.

+

+

나는 과거의 경제 위기를 통해 미래를 예측하겠다.

"역사는 반복되지만, 사람은 학습하지 않는다."라는 말과 달리 나는 과거의

실수와 성공 사례를 통해 현명한 결정을 내릴 것이다.

경제 지식을 습득하는 것이 위기를 대비하는 가장 강력한 무기임을 안다.

오늘의 부자 되는 습관

과거의 경제 위기에 대해 간단히 검색해 보고, 그때 성공한 사람들이 어떤 행동을 했는지 찾아보기

나는 신속하고
현명하게 결정한다.

+

+

나는 기회가 왔을 때 망설이지 않겠다.

"결정하지 않는 것이 가장 큰 위험이다."라는 말처럼 나는 충분히 분석했다면 신속하게 결정하고 행동에 옮길 것이다.

위기 속의 기회는 빠르게 지나가므로 나는 정보와 용기를 가지고 결정하는 습관을 만들겠다.

오늘의 부자 되는 습관

돈과 관련하여 미루고 있던 작은 결정 한 가지를 정하고, 오늘 안에 결정을 내리겠다고 다짐하기

나는 내가 가진
자산을 보호한다.

+
+

나는 돈을 버는 것만큼 지키는 것을 중요하게 생각한다.

"얻는 것보다 잃지 않는 것이 더 중요하다."라는 말처럼 나는 위험으로부터 나의 자산을 보호하겠다. 투자의 기본 원칙을 지키고, 무모한 위험을 감수하지 않을 것이다.

나의 자산을 지키는 습관이 나에게 지속가능한 부를 가져다줄 것이다.

오늘의 부자 되는 습관

내가 가진 재산 중 가장 소중한 것을 떠올리고, 그것을 보호하기 위한 간단한 방법 한 가지를 생각해 보기

나는 감정 손실을
최소화한다.

+

+

나는 시장의 급격한 변화에 감정적으로 반응하지 않겠다.

"두려움과 탐욕은 투자의 가장 큰 적이다."라는 말처럼 나는 내 감정을 통제할 것이다. 내가 가진 주식이나 부동산을 공포에 휩싸여 팔거나, 과도한 욕심에 휩쓸려 무리해서 투자하지 않겠다.

나는 명확한 원칙을 세우고, 감정으로부터 내 결정을 보호할 것이다.

오늘의 부자 되는 습관

돈과 관련된 최근의 불안감이나 욕심 한 가지를 떠올리고, 그 감정을 다스릴 수 있는 나만의 원칙을 한 문장으로 적어 보기

나는 나의 소득원을
다양화한다.

+

+

나는 하나의 수입원에만 의존하지 않겠다.

"모든 달걀을 한 바구니에 담지 말라."라는 말처럼 나는 나의 소득원과 자산을 다양하게 분산할 것이다. 하나의 분야에 위기가 닥쳐도 나의 재정 전체가 흔들리지 않도록 대비하겠다.

소득원을 다양화하는 것이 나에게 진정한 안전망을 제공할 것이다.

오늘의 부자 되는 습관

나의 수입원이나 자산이 무엇인지 떠올려 보고, 앞으로 추가하고 싶은 새로운 수입원 한 가지를 생각해 보기

나는 시련을 통해
더 강해진다.

+

+

나는 시련 앞에서 무릎 꿇지 않겠다.

"폭풍우는 더 강한 뿌리를 내리게 한다."라는 말처럼 나는 어려움을 겪을 때마다 더 단단해질 것이다. 위기는 나에게 귀중한 교훈을 주고, 다음 도약을 위한 힘을 길러 준다.

나는 고난을 피하지 않고, 끈기와 인내로 이겨 내 더 강력한 부자로 성장하겠다.

오늘의 부자 되는 습관

나를 힘들게 했던 경험 한 가지를 떠올리고, 그때 내가 얻은 긍정적인 교훈 한 가지를 적어 보기

나는 실패를
다음 성공으로 연결한다.

+
+

나는 실패를 최종 결과로 보지 않겠다.

"가장 큰 위험은 아무런 위험도 감수하지 않는 것이다."라는 말처럼 나는 도전하다 실패할지라도 그 경험을 헛되이 하지 않을 것이다. 나는 실패로부터 빠르게 배우고, 계획을 수정하며, 목표를 향해 다시 나아갈 것이다.

나는 나를 넘어뜨린 그곳에서 새로운 성공을 만들겠다.

오늘의 부자 되는 습관

돈과 관련하여 작은 실패나 실수를 했던 것 중 한 가지를 떠올리고, 그것을 성공으로 바꾸기 위해 할 수 있는 행동 한 가지를 적어 보기

제**6**장

돈이 일하게 만드는 기술

나는 내 돈을
잠재우지 않는다.

+

+

나는 오직 노동을 통해서만 돈을 벌지 않겠다.

"당신이 잠자는 동안에도 돈이 들어오는 방법을 찾지 못한다면, 당신은 죽을 때까지 일해야 할 것이다."라는 워런 버핏의 말처럼 나는 내 돈을 깨워 나를 위해 일하게 만들겠다.

투자, 사업, 자산 등을 통해 돈이 스스로 불어나게 하는 시스템을 구축하는 것이 진정한 부의 기술임을 안다.

오늘의 부자 되는 습관

내가 가진 돈을 '나의 직원'이라고 생각하고, 오늘부터 그 돈에게 어떤 일을 시킬지 한 가지를 정해 보기

나는 투자를
씨앗으로 여긴다.

+

+

나는 돈을 쓰는 것과 투자하는 것을 명확히 구분한다.

"돈은 씨앗과 같아서, 현명하게 뿌릴 때 풍성한 수확을 가져온다."라는 말처럼 나는 돈을 미래를 위한 씨앗으로 활용하겠다. 소비는 돈을 태우는 행위이지만, 투자는 돈을 심는 행위이다.

나는 내 돈의 대부분을 소비가 아닌 투자에 할애할 것이다.

오늘의 부자 되는 습관

내가 오늘 혹은 이번 주에 '씨앗'처럼 투자할 수 있는 돈의 목표 금액을 정해 보기

나는 복리의 마법을
이해한다.

나는 시간의 힘을 활용하여 내 돈을 불릴 것이다.

"복리는 돈이 돈을 벌게 하는 가장 확실한 방법이다."라는 말처럼 나는 일찍 투자를 시작해서 꾸준히 투자하는 습관을 만들겠다. 작은 이익이라도 재투자하여 눈덩이처럼 불어나는 복리의 마법을 경험할 것이다.

나는 장기적인 시각을 가질 것이다.

오늘의 부자 되는 습관

내가 현재 보유한 돈이 10년 뒤 복리로 얼마나 불어날지 간단히 계산해 보기

나는 자산과 부채를
명확히 구분한다.

+

+

나는 내 돈이 빠져나가는 것과 돈이 들어오는 것을 명확히 구분하겠다.
"부채는 당신의 주머니에서 돈을 빼 가는 것이고, 자산은 당신의 주머니에
돈을 넣어 주는 것이다."라는 말처럼 나는 자산을 늘리고 부채를 줄이는 데
집중할 것이다.
나는 자산에 투자하고, 불필요한 부채를 만들지 않겠다.

오늘의 부자 되는 습관

내가 가진 재산 중 한 가지를 떠올리고, 그것이 '자산'인지 '부채'인지 명확히 구분해 보기

나는 좋은 부채를
활용할 줄 안다.

+

+

나는 모든 빚이 나쁜 것은 아니라는 것을 안다.

"현명한 사람은 다른 사람의 돈을 이용하여 부를 만든다."라는 말처럼 나는 수익을 창출하는 '좋은 부채'를 활용하는 지혜를 배우겠다. 투자를 위한 대출이나 사업 확장을 위한 자금은 나의 레버리지가 될 것이다.

나는 부채를 통제할 것이다.

내가 아는 '좋은 부채' 사례 한 가지를 찾아 적어 보기

나는 기업의 주인이 되는
투자를 한다.

+

+

나는 단순한 소비자가 아닌, 기업의 주인이 되겠다.

"주식 투자는 세상을 소유하는 가장 좋은 방법이다."라는 말처럼 나는 성장 가능성이 있는 기업의 일부를 소유할 것이다.

주식 투자는 나에게 자본주의의 핵심 원리를 가르쳐 주고, 돈이 일하는 속도를 극대화할 것이다.

오늘의 부자 되는 습관

평소 자주 이용하는 기업 중 주식 시장에 상장된 회사 한 곳을 찾아보고, 그 회사가 어떻게 돈을 버는지 간단히 생각해 보기

나는 부동산 투자를 통해 안정적인 소득을 얻는다.

\+

\+

나는 부동산을 안정적인 자산으로 여긴다.

"모든 백만장자의 90%는 부동산 소유를 통해 부자가 된다."라는 앤드류 카네기의 말처럼 나는 부동산을 통해 인플레이션을 방어하고 임대 소득을 창출하겠다.

부동산 투자는 나에게 자산의 유형적 가치와 장기적인 안목을 키워 줄 것이다.

오늘의 부자 되는 습관

내가 사는 지역의 부동산 시세를 간략히 검색해 보고, 지난 1년 동안 얼마나 변했는지 확인해 보기

나는 내 사업에 투자하는 것을 주저하지 않는다.

+

+

나는 내 사업이나 부업이 가장 높은 수익률을 줄 수 있음을 안다.

"가장 높은 수익을 내는 투자는 당신의 사업에 재투자하는 것이다."라는 말처럼 나는 내 아이디어와 능력에 돈을 쓸 것이다.

나의 사업을 성장시키고 시스템화할 때 나는 노동 소득의 한계를 벗어나 진정한 경제적 자유를 얻을 수 있다.

오늘의 부자 되는 습관

내가 가진 아이디어나 부업 중 하나를 선택해, 그것을 성장시키기 위해 오늘 당장 할 수 있는 작은 행동 한 가지를 적어 보기

나는 내 투자 포트폴리오를
점검한다.

+

+

나는 나의 투자 포트폴리오를 방치하지 않고 꾸준히 관리하겠다.
"계속 지켜보지 않으면 당신의 정원은 잡초로 가득 찰 것이다."라는 말처럼
나는 나의 투자 포트폴리오를 주기적으로 점검할 것이다.
나는 시장의 변화에 맞춰 유연하게 대응하며, 내가 정한 원칙대로 움직일
것이다.

오늘의 부자 되는 습관

내가 가진 투자 상품 한 가지의 현재 상태를 확인하고, 왜 그 투자를 했는지 다시 한 번 생각해 보기

나는 세금의
지혜를 배운다.

+

+

나는 내가 노력해서 번 돈을 더 많이 지키겠다.

"당신이 세금에 대해 모르면, 세금이 당신에게 가르쳐 줄 것이다."라는 말
처럼 나는 세금 지식을 소홀히 하지 않겠다.

나는 합법적인 범위 내에서 세금을 절약하는 방법을 배우고 나의 순자산을
극대화할 것이다.

오늘의 부자 되는 습관

내가 아는 세금 절약 방법 한 가지를 떠올리고, 그것이 내년 나의 세금에 미칠 영향을 생각해 보기

나는 인플레이션의
위협에 대비한다.

+

+

나는 돈의 가치가 시간이 지날수록 떨어진다는 사실을 잊지 않겠다.

"인플레이션은 현금을 붙잡고 있는 사람에게서 돈을 훔치는 보이지 않는

도둑이다."라는 말처럼 나는 현금을 장기간 보관하지 않고 자산에 투자할

것이다.

나는 나의 돈이 인플레이션보다 빠르게 성장하도록 관리하겠다.

오늘의 부자 되는 습관

지난 1년 동안 물가가 얼마나 올랐는지 체감하는 경험 한 가지를 떠올려 보기

나는 분산 투자의
원칙을 지킨다.

+

+

나는 모든 투자금을 한곳에 몰아넣지 않겠다.

"분산 투자는 우리가 아는 유일한 공짜 점심이다."라는 말처럼 나는 위험을 줄이기 위해 다양한 자산에 투자할 것이다. 나는 신중하게 위험을 관리하며, 안정적인 성장을 추구하겠다.

분산은 곧 나의 안전과 지속가능한 부를 지키는 핵심이다.

오늘의 부자 되는 습관

내가 하고 있는 투자 방식 외에 새롭게 알아보고 싶은 투자 분야 한 가지를 적어 보기

나는 장기적인 가치에
투자한다.

+

+

나는 일확천금을 꿈꾸지 않는다.

"시간은 위대한 기업의 친구이자, 평범한 기업의 적이다."라는 워런 버핏의 말처럼 나는 단기적인 차익보다 장기적인 성장을 위한 가치에 집중하겠다. 나는 기업의 본질적인 가치를 분석하고, 꾸준함과 인내를 가지고 나의 투자 목표를 달성할 것이다.

오늘의 부자 되는 습관

내가 관심 있는 투자 종목(기업)을 하나 정하고, 그 기업이 10년 뒤에도 존재할 수 있을지 상상해 보기

나는 투자 과정을
자동화한다.

+

+

나는 나의 투자 시스템을 자동화하여 감정 개입을 최소화하겠다.

"가장 좋은 투자는 당신이 잊어버리는 투자이다."라는 말처럼 나는 매달 일정 금액이 자동으로 저축되고 투자되도록 설정할 것이다.

이 습관은 나의 의지력에 기대지 않고도 꾸준히 자산을 불릴 수 있게 해 줄 것이다.

오늘의 부자 되는 습관

나의 수입 중 일부를 자동으로 투자 계좌로 이체되도록 설정하는 방법을 알아보거나 계획을 세워 보기

제**7**장

평생 부자로 살기 위한 마인드셋

나는 내 부의
궁극적인 목적을 안다.

✦

✦

나는 돈을 버는 것 자체가 목적이 아님을 안다.

"부의 진정한 목적은 선택의 자유를 사는 것이다."라는 말처럼 나는 돈을 통해 내 삶을 주도하고, 내가 원하는 것을 선택할 수 있는 자유를 얻겠다. 이 자유를 통해 더 의미 있는 일에 시간과 에너지를 쓸 것이다.

나의 부는 나의 삶을 풍요롭게 해 주는 도구가 될 것이다.

오늘의 부자 되는 습관

내가 경제적 자유를 얻는다면 내일 당장 하고 싶은 일 한 가지를 적어 보기

나는 충분함의 기준을
스스로 정한다.

+

+

나는 끝없는 욕심에 휘둘리지 않겠다.

"충분함을 아는 것이 평생 부자로 사는 비결이다."라는 말처럼 나는 나에게

'충분함'이 무엇인지 정의하겠다. 더 많이 벌려는 노력과 동시에 지금 가진

것에 만족할 줄 아는 지혜를 가질 것이다.

이 만족감이 나를 진정한 풍요로움으로 이끌 것이다.

오늘의 부자 되는 습관

내가 생각하는 '경제적으로 충분한 상태'를 금액이 아닌 '삶의 모습'으로 표현해 보기

나는 베풂을 통해
부를 확장한다.

+

+

나는 나누는 것을 아까워하지 않겠다.

"부의 진정한 측정은 당신이 얼마나 버느냐가 아니라 얼마나 나누느냐이다."라는 말처럼 나는 나눔이 나의 부를 줄이는 것이 아니라 확장시키는 힘임을 안다. 나는 나눔을 통해 더 큰 만족감과 기회를 얻을 것이다.

베풂은 나를 진정한 의미의 부자로 만든다.

오늘의 부자 되는 습관

내가 가진 재능이나 시간 중 한 가지를 활용해 오늘 다른 사람에게 도움을 줄 수 있는 방법을 생각해 보기

나는 호기심을
잃지 않는다.

+

+

나는 성공에 안주하지 않고 끊임없이 배우겠다.

"호기심은 당신의 지갑을 채우는 가장 강력한 도구이다."라는 말처럼 나는 세상과 경제에 대한 호기심을 유지할 것이다.

새로운 지식과 기술에 대한 탐구가 나를 시대의 변화에 발맞추게 하고, 나의 부를 지속적으로 성장시킬 것이다.

오늘의 부자 되는 습관

내가 평소 궁금했던 경제나 투자 관련 질문 한 가지를 적고, 그 답을 찾아보기

나는 성공 후에도
겸손을 유지한다.

+

+

나는 성공에 취해 교만해지지 않겠다.

"겸손은 성공을 지켜 주는 방패이다."라는 말처럼 나는 나의 성공이 주변의 도움과 행운 덕분임을 잊지 않겠다. 겸손한 자세는 나를 계속 배우게 하고, 좋은 사람들을 내 주변에 머물게 할 것이다.

겸손함이 나를 평생 부자로 살게 할 것이다.

오늘의 부자 되는 습관

내가 이룬 작은 성공이나 좋은 일에 대해, 그것이 가능했던 외부적인 이유를 한 가지 떠올려 보기

나는 의미 있는
유산을 남긴다.

+

+

나는 내가 죽은 후에도 세상에 좋은 영향을 남기겠다.

"당신이 세상에 남긴 영향력이 당신의 진정한 부이다."라는 말처럼 나는 나의 부를 통해 사회에 긍정적인 변화를 일으킬 방법을 찾겠다.

나의 부가 다음 세대에게 영감과 기회를 제공하는 유산이 되도록 만들 것이다.

오늘의 부자 되는 습관

내 이름으로 세상에 남기고 싶은 긍정적인 영향력 한 가지를 적어 보기

나는 기다림의
가치를 안다.

+

+

나는 조급해하지 않고 기회를 기다릴 줄 안다.

"나무는 한 번에 심지 않는다."라는 말처럼 진정한 부는 시간과 인내를 통해 완성된다. 나는 시장의 변동성에 일희일비하지 않고, 내가 정한 원칙과 장기적인 목표를 믿고 기다릴 것이다.

인내심은 부를 지키는 가장 중요한 덕목이다.

오늘의 부자 되는 습관

내가 투자하거나 저축한 목표를 떠올려 보고, 그 목표를 달성하기 위해 '기다리는 것'의 중요성을 한 문장으로 적어 보기

나는 돈에 대한
집착을 버린다.

+

+

나는 돈을 숭배하지 않고, 수단으로만 여긴다.

"돈이 당신의 주인이 되게 하지 말라."라는 말처럼 나는 돈에 대한 지나친 집착을 버리겠다. 돈이 나의 가치를 결정하게 두지 않을 것이다.

나는 돈으로부터 심리적으로 독립할 때 더 현명하고 자유로운 결정을 내릴 수 있음을 안다.

오늘의 부자 되는 습관

돈 없이도 행복할 수 있는 일 한 가지를 떠올리고, 그 일을 잠시 즐겨 보기

나는 소비 수준을
스스로 통제한다.

+

+

나는 수입이 늘어도 함부로 소비 수준을 높이지 않겠다.

"수입이 늘어날·때 소비도 늘리는 것은 가난으로 가는 지름길이다."라는 말
처럼 나는 '라이프스타일 인플레이션'을 경계할 것이다. 나는 내 수입 증가
분만큼 저축과 투자 비율을 늘릴 것이다.

자제력은 나를 평생 부자로 살게 해 줄 것이다.

오늘의 부자 되는 습관

최근 수입 증가와 상관없이 '꼭 필요하지 않았던' 지출 한 가지를 떠올리고, 다음에는 어떻게 할
지 적어 보기

나는 나의 지혜를
다음 세대에게 전한다.

+

+

나는 내가 쌓은 경험과 지식을 다른 사람들과 나누겠다.

"가르치는 것은 두 번 배우는 것이다."라는 말처럼 나는 멘토링이나 교육을 통해 나의 지혜를 전수할 것이다. 나의 지식은 나눔을 통해 더 큰 가치를 얻을 것이다.

나 또한 그 과정에서 더욱 성장하고 발전할 것이다.

오늘의 부자 되는 습관

내가 아는 경제 지식 중 한 가지를 주변 사람에게 가르쳐 주거나 설명해 보기

나는 삶의 균형을
유지한다.

+

+

나는 돈을 버는 것만큼 삶의 질도 중요하게 여긴다.

"성공은 돈 버는 기계가 되는 것이 아니라 의미 있는 삶을 사는 것이다."라는 말처럼 나는 부를 추구하는 동시에 가족, 건강, 취미 등 다른 영역의 행복도 놓치지 않겠다.

진정한 부자는 삶의 모든 영역에서 풍요를 누리는 사람이다.

오늘의 부자 되는 습관

돈과 관련 없는 취미나 활동에 30분 이상 시간을 투자해 보기

나는 타인의 성공을
진심으로 축하한다.

+

+

나는 다른 사람의 성공을 보고 질투하지 않겠다.

"다른 사람의 성공을 진심으로 축하할 때, 나에게도 그 에너지가 온다."라
는 말처럼 나는 부의 파이가 한정되어 있지 않음을 안다. 타인의 성공은 나
에게 영감을 주고, 더 큰 기회가 있음을 증명한다.

나는 풍요로운 마음으로 타인의 성공을 기뻐하겠다.

오늘의 부자 되는 습관

내가 아는 성공한 사람 한 명을 떠올리고, 그 사람의 성공을 축하하는 긍정적인 메시지를 적어 보기

나는 내 삶의
풍요에 감사한다.

+

+

나는 매일 풍요로운 삶에 감사하는 습관을 만든다.

"감사할 줄 아는 마음이 부를 끌어당기는 자석이다."라는 말처럼 나는 지금 가진 돈, 지식, 기회에 진심으로 감사할 것이다.

감사는 나의 마음을 결핍에서 풍요로움으로 채워 주고, 더 큰 부를 받아들일 준비를 하게 한다.

오늘의 부자 되는 습관

필사를 통해 얻은 깨달음이나 습관 한 가지에 대해 감사하는 마음을 적어 보기

나는 부의 여정을
영원한 게임으로 본다.

+

+

나는 부의 축적을 단거리 달리기가 아닌 마라톤으로 본다.

"부를 쌓는 것은 한 번의 결정이 아니라 지속적인 과정이다."라는 말처럼 나는 꾸준함의 가치를 잊지 않겠다. 나는 성공 후에도 이 100일 동안 익힌 습관과 마인드셋을 계속 유지하며, 평생 동안 성장하는 부자가 되겠다.

오늘의 부자 되는 습관

100일 동안 익힌 부의 습관 중에서 내가 평생 동안 유지하고 싶은 습관 한 가지를 적어 보기

나는 새로운 비전을
선포한다.

+

+

나는 100일의 여정 끝에 멈추지 않는다.

"인생은 끝없이 이어지는 비전의 연속이다."라는 말처럼 나는 더 크고 새로운 부의 비전을 선포하겠다. 100일 필사를 통해 나는 부자가 될 준비를 마쳤다. 이제 이 비전과 확신을 바탕으로 다음 단계의 목표를 향해 나아갈 것이다.

나는 나를 믿는다.

오늘의 부자 되는 습관

내가 앞으로 1년 안에 달성하고 싶은 가장 큰 경제적 목표를 한 문장으로 적고, 소리 내어 읽어 보기

나는 평생 부자로 사는
삶을 시작한다.

+

+

나는 100일의 필사 여정을 성공적으로 끝냈다.

"당신은 이제 부자가 될 준비를 마쳤다. 다음 100일은 당신의 행동으로 채워질 것이다."라는 말처럼 나는 이제 배운 지혜와 습관들을 현실에 적용할 것이다. 나의 마인드셋은 이미 부자이다.

나는 꾸준한 실천과 감사하는 마음으로 평생 풍요롭고 의미 있는 삶을 살겠다.

오늘의 부자 되는 습관

100일 필사 노트를 덮고, 오늘 당장 나의 재정에 긍정적인 영향을 줄 수 있는 행동 한 가지를 실천해 보기

부자로 이끄는 필사 노트

당신의 인생을 바꾸는 100일이 지금 시작된다

초판 1쇄 인쇄 2026년 1월 21일
초판 1쇄 발행 2026년 1월 28일

지은이 유근용·김동민

발행인 장상진
발행처 (주)경향비피
등록번호 제2012-000228호
등록일자 2012년 7월 2일

주소 서울시 영등포구 양평동 2가 37-1번지 동아프라임밸리 507-508호
전화 1644-5613 | **팩스** 02) 304-5613

ⓒ 유근용·김동민

ISBN 978-89-6952-644-1 03320